U0128060

朝讀經典

誠實守信

國小‧中年級

馮天瑜／主編

3

/ 編輯說明 /

本套讀本的編寫，遵循如下原則：

一、注重中華文化的弘揚與教育。本套讀本從浩如煙海的傳統文化典籍中，遴選能夠涵養做人處事價值觀的、千古傳誦的經典原文，使學生透過誦讀學習，由淺入深地提高對中華文化的認知度，潛移默化地增強對文化的自覺與自信，認真汲取其思想精華和道德精髓，真正實現中華文化在青少年身上的傳承與弘揚。

二、尊重中華文化自身固有的特性。從「國文」（語言文字）、「國史」（歷史統系）、「國倫」（倫理道德）三個層面選取古典篇目，兼顧德性培育、知性開發與美感薰陶。因為中華文化本身即是「國文」「國史」與「國倫」的綜合，德性、知性與美感的統一。

三、 尊重學生發展不同階段的特點。選取篇目力求平和中正，典雅優美，貼近生活，明白曉暢，讀來趣味盎然；由易到難，由淺入深，循序漸進，合理編排，使學生先領會傳統文化的趣、美、真，進而達於善。

四、 兼顧篇章組合的系統性和多元性。以家國情懷、社會關愛、人格修養為主線，分主題展示中華文化。篇目選取不限某家某派，不拘文類，義理、詩文、史傳等兼收並蓄，異彩分呈。同時注意選文的易誦易記，便於學生誦讀。

中華文化源遠流長，凝聚著古聖先賢的智慧，亦是安身立命的基礎與根本。本套書古今貫通，傳承優秀文化；兼收並蓄，汲取異域英華，對推動中華文化創造性轉化、創新性發展，以及培育才德兼備的下一代，意義深遠。

本書編委會

目　錄

第一單元

中華源

　　中國是世界文明的發源地之一，歷史悠久，與古印度、古埃及和古巴比倫並稱為世界「四大文明古國」。各民族兄弟姐妹和諧共處，團結友愛，共同創造了光輝燦爛的中華文明。

❶始祖神話①

〔漢〕應劭

　俗說天地開闢，未有人民，
女媧② 摶ㄊㄨㄢˊ③ 黃土作人。

①選自《風俗通義校注》（中華書局 1981 年版）。標題為
　編者所加。
②女媧：中國神話傳說中人類的始祖。
③摶：把東西揉弄成球形。

文 意

　　傳說天地初開的時候，大地上還沒有人類，女媧把黃
土揉成一團，捏成了人。

女媧造人的神話故事，表現了我們的祖先對人類起源的好
奇和追問，展現了他們豐富的想像力。

神　話

　　神話是關於神仙或神化的古代英雄的故事，是古代人民對自然現象和社會生活的一種天真的解釋和美好的嚮往，表達了先民征服自然、變革社會的願望。

　　中國神話極其豐富，許多神話保存在古代典籍中，比如中國上古文化的百科全書《山海經》，就記載了許多神話傳說，例如夸父追日、女媧補天、精衛填海、后羿（一ˋ）射日等。許多民族與國家都有自己的神話故事，古希臘神話就是西方文化的源頭之一。

❷ 華夏之號①

〔唐〕孔穎達

夏，大也。中國有禮儀之大，故稱夏；有服章②之美，謂③之華。

注 釋

①選自《春秋左傳正義》（北京大學出版社 1999 年版）。標題為編者所加。號，名稱。
②服章：泛指服飾、衣冠。
③謂：稱呼。

文 意

夏，是大的意思。中國有盛大的禮儀制度，因此稱為夏；有華美的服飾，因此稱為華。

「衣冠上國」「禮儀之邦」都是讚美之意。

華　表

　　華表是我國的一種傳統建築，一般由底座、柱身、承露盤和蹲獸組成，放在古代宮殿、陵墓等大型建築物前做裝飾用。在北京天安門前，就有一對華表。華表周身雕刻著精美的龍和雲的圖案，頂部橫插著一塊雲形的長片石。這對華表建於明代，距今已有五百多年的歷史。

　　華表富有深厚的中華傳統文化內涵，在某種意義上，也可以說是中華民族的一種標誌。

▲ 華表

7

▲〈昭君出塞〉（局部）〔宋〕趙伯駒

❸華夏民族①

梁啟超

華夏民族，非一族所成。太古以來，諸②族錯③居，接觸交通④，各去小異而大同，漸⑤化合以成一族之形，後世所謂諸夏是也。

注 釋

①選自《梁啟超全集》（北京出版社 1999 年版）。標題為
　編者所加。
②諸：眾，各個。
③錯：交錯。
④交通：交往。
⑤漸：慢慢地。

文 意

　　華夏民族，不是由一個民族構成的。很久很久以前，
許多民族生活在一起，互相接觸、交往，每個民族去掉小
差異，留下大的共同點，慢慢地融合成一個民族，這就是
後世所說的華夏民族。

中國是一個統一的多民族國家，廣闊富饒的土地，是各族
人民共同生活的家園。各民族和諧共處、團結友愛，也是
繁榮富強的重要保證。

中華圖騰——龍

古人認為，自己的部落和族群，與某種自然物有某種特殊關係，他們把這種自然物作為自己部落的崇拜對象，這就是圖騰。

龍是中華民族的圖騰，我們中國人都說自己是「龍的傳人」。龍是人們懷著美好的祈盼而想像出來的一個形象。人們把各種優點都集中在龍的身上：上天可騰雲駕霧，下海能追波逐浪，還能興雲布雨，令人間風調雨順。

❹中國歷史朝代歌①

唐堯ㄠˊ虞ㄩˊ舜ㄕㄨㄣˋ②夏商周，

春秋戰國亂悠悠。

秦漢三國晉統一，

南朝北朝是對頭。

隋唐五代又十國，

宋元明清帝王休。

▼〈歷代帝王圖〉（局部）〔唐〕閻立本

注 釋

①選自《現代漢語學習詞典》（商務印務館 2010 年版）。
　標題為編者所加。
②唐堯虞舜：指堯帝和舜帝。

文 意

　　堯、舜以後是夏朝、商朝和西周，春秋時諸侯爭霸，戰國時七雄互相征伐，社會長期戰亂不安。秦朝統一六國，漢朝天下大一統，東漢末年三國鼎立，司馬氏統一中國，國號為晉。北方少數民族政權崛起後，東晉偏安江南，之後南北朝對峙。隋朝統一南北，接著是強盛的唐朝。唐朝以後，出現五代十國的分裂亂象。宋朝結束了五代十國的割據局面，接著是元、明、清三個統一全國的朝代。辛亥革命推翻了清朝，結束了中國兩千多年的封建帝制。

　　朝代更替，分分合合，但民族融合與國家統一始終是歷史發展的主流。

三皇五帝

　　三皇五帝並不是真正的皇帝，而是原始社會的幾個部落首領。他們為中華文明的發展做出卓越貢獻，後人追尊他們為「皇」或「帝」。但具體是哪些人，有許多不同的說法。一般認為，三皇指伏羲（ㄒㄧ）、燧（ㄙㄨㄟˋ）人、神農，五帝指黃帝、顓頊（ㄓㄨㄢ　ㄒㄩˋ）、帝嚳（ㄎㄨˋ）、堯帝、舜帝。

　　傳說三皇五帝無為而治，他們統治的上古社會，民風淳樸，人心向善，四海升平，為後世歷代所嚮往，被稱為治世。

行知園

口能誦

我會背：
俗說天地開闢……

我會背：夏，大也……

我會背：
華夏民族……

我會背〈中國歷
史朝代歌〉。

學而思

　　在中國五千多年的歷史中，有許多偉大的人物為社會富強
發展做出卓越貢獻，請講一個你所知道的偉人故事給大家聽！

行且勉

　　中華民族各個都是華夏文明的創造者和參與者。請你將身邊的鄉土文化特色，向小夥伴們介紹一下吧！

九州同

中國，又叫九州。三山五嶽，長江黃河，風景秀美，人文薈萃。九州大同，是古代無數仁人志士的理想。當今，實現中華民族偉大復興的中國夢，與這種理想一脈相承。

❺九州起源①

《幼學瓊林》

黃帝畫野②，始分都邑ㄧˋ③；
夏禹ㄩˇ④治水，初奠⑤山川。

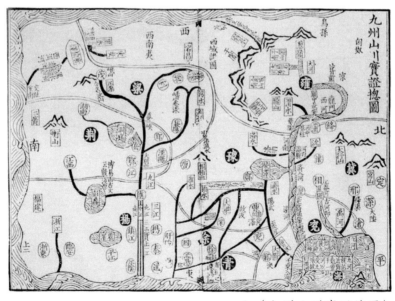

▲〈九州山川實證總圖〉

①選自《幼學瓊林》（中華書局 2013 年版）。標題為編者
　所加。九州，傳說大禹治水，劃定九州，分別是冀州、
　兗（一ㄢˇ）州、青州、徐州、揚州、荊州、豫州、梁州、
　雍（ㄩㄥ）州。
②畫野：劃分疆域。野，界限，範圍。
③都邑：城市。
④夏禹：大禹。
⑤奠：奠定。

 文 意

　　黃帝劃分了中國的疆域，開始有了都和邑的區分；大
禹治理洪水，初步奠定了中國山川大致的形勢。

　「九州」這個名字告訴我們，中國版圖最初是什麼形態。

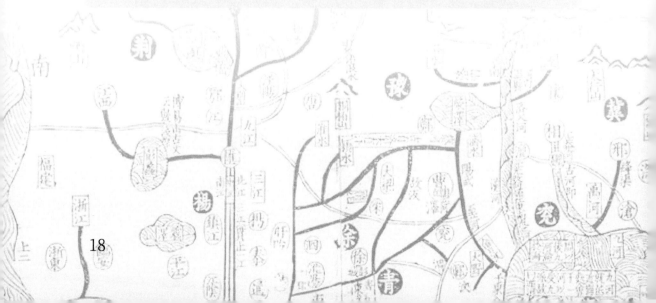

你知道嗎

中國的別稱

在古代，中國的別稱有中華、九州、神州、華夏、禹域等。

上古時代，漢族文化發源黃河流域，以為居天下之中，故稱其地為「中國」。後各朝疆土漸廣，凡所轄境，皆稱為「中國」。

❻九州山河①

（一）

《幼學瓊林》

東嶽②泰山，西嶽華山，南嶽衡山，北嶽恒山，中嶽嵩ㄙㄨㄥ山，此為天下之五嶽。

（二）

〔清〕張之洞

中國水，三大綱，黃河黑水揚子江。淮ㄏㄨㄞ通江，濟ㄐㄧ入黃，四瀆ㄉㄨ③今只二瀆長。

釋

①選自《幼學瓊林》（中華書局 2013 年版）和《張之洞全
　集》（河北人民出版社 1998 年版）。標題為編者所加。
②嶽：高大的山。
③四瀆：指長江、黃河、淮河、濟水。瀆，溝渠，水道。
　這裡指河流。

 意

（一）

　　泰山稱為東嶽，華山稱為西嶽，衡山稱為南嶽，恒山
稱為北嶽，嵩山稱為中嶽，這就是天下著名的五座大山。

（二）

　　中國的河流，有三個大的水系，它們是黃河、黑龍江
和長江。淮河流入長江，濟水流入黃河，古代的四大河流，
今天只有長江、黃河長流入海。

中國眾多的名山大川是大自然賜予的財富。

十大名勝古蹟

　　名勝古蹟，是指風景優美和有古代人文遺蹟的著名地方。中國是著名的四大文明古國之一，山川秀美，人傑地靈，有很多名勝古蹟。1985年評選出中國大陸和臺灣的十大名勝古蹟分別是：萬里長城、桂林山水、杭州西湖、北京故宮、蘇州園林、安徽黃山、長江三峽、臺灣日月潭、承德避暑山莊、西安秦陵兵馬俑。這些風景名勝區分布於東西南北各區域，既包括自然景觀，也包括人文景觀。

❼古風（節選）①

〔唐〕李白

秦王掃六合②，
虎視何雄哉！
揮劍決③浮雲，
諸侯④盡西來⑤。

①選自《李白集校注》（上海古籍出版社1980年版）。

②六合：指上下和東西南北四方，泛指天下或宇宙。這裡指全國。

③決：弄斷，截斷。

④諸侯：指當時的齊、楚、燕、韓、趙、魏等國的國君。

⑤西來：六國在秦的東面，六國歸降於秦稱西來。

　　秦王嬴政橫掃天下統一中國，威嚴地注視四方，強盛的氣勢多麼雄壯啊！他一舉平定戰亂如揮劍斬斷浮雲，各國國君都到西邊來朝拜他。

　　秦王嬴政統一六國，建立了中國歷史上第一個大一統的帝國，對後世影響非常深遠。

地名中的陰陽

陰陽，最初指日光的向背，向日為陽，背日為陰。後來引申為氣候的寒暖。中國古代思想家看到一切現象都有正反兩方面，就用陰陽這個概念來解釋自然界兩種對立和相互消長的氣或物質勢力。

古人關於陰陽的學問廣泛應用於生產、生活各個方面。中國有很多地名都帶有陰字或陽字，往往體現了該地與相鄰山、水的關係。在地理學上，山的南面為陽，北面為陰，例如，衡陽在衡山之南，華陰在華山之北。水則相反，水的北面為陽，南面為陰，例如，洛陽在洛水之北，江陰在長江以南。

❽示兒①

〔宋〕陸游

死去元②知萬事空，
但悲不見九州同。
王師③北定中原日，
家祭ㄐㄧˋ④無忘告乃翁⑤。

注 釋

①選自《劍南詩稿校注》（上海古籍出版社 1985 年版）。
②元：通「原」，原本，本來。
③王師：國家的軍隊。
④祭：祭祀，祭奠。
⑤乃翁：你的父親。這裡指陸游自己。

 文 意

　　我本來就知道，人死去後，一切都成空了，我只是悲哀到死還看不到國家統一。朝廷的軍隊平定北方、收復中原的那一天，你們在祭奠我時，千萬不要忘記告訴我啊！

熱愛國家，是每一個中華兒女的神聖使命。

中原

　　「中原」一詞最早見於《詩經》，本指平原、原野。後來中原指天下之中，即「中土」「中州」，以別於邊疆地區而言。而古代豫州被視為九州之中，所以稱之為中原。隨著歷史的發展，「中原」一詞有了狹義和廣義之分。狹義的中原仍指古豫州地區；廣義的中原或指黃河中下游地區，或指整個黃河流域。陸游〈示兒〉中「王師北定中原日」的「中原」，指的就是廣義上的中原。

　　歷史上中原地區文化燦爛，人口稠密，經濟發展相對較好，是歷代王朝統治的中心地帶。

行知園

我會背：黃帝畫野……

我會背：
東嶽泰山……

我會背：
秦王掃六合……

我會背陸游的
〈示兒〉。

學而思

　　五嶽是中國五大歷史文化名山，你知道它們的景觀各有什麼特色嗎？請你寫在橫線上。

東嶽泰山：_____

西嶽華山：_____

南嶽衡山：_____

北嶽恒山：_____

中嶽嵩山：_____

行且勉

　　中國山河壯美，文明悠遠，但各地又別有特色。你遊覽過哪些地方？那裡有什麼特色？秀一秀你的照片，寫一寫感受吧！

第三單元

人文興

　　中華文化源遠流長，是中華民族最獨特的精神標識，滋養著中華民族生生不息，發展壯大。了解中華文化的源起和初興，感受中華文化的恒久力量和無窮魅力，是我們今天與時俱進、創造現代文明的強大精神動力，是實現中華民族偉大復興的重要支撐。

❾化成天下①

《周易‧賁卦》

觀乎天文②，以察時變③；觀乎人文④，以化成天下。

注　釋

①選自《周易正義》（北京大學出版社 1999 年版）。標題
　為編者所加。化，教化。
②天文：指日月星辰等天體在宇宙間的分布與運行等現象。
③時變：四季時令的變化。泛指自然規律。
④人文：這裡指人類社會的各種文化現象。

文　意

　　觀察日月星辰等天體的分布與運行，來了解時序變化
的規律。觀察人類社會的文化現象，然後教化天下的百姓。

在追求真理的道路上，
要有科學探索精神。

鼎

鼎本來是中國古代烹煮食物的器具，多為青銅鑄造，一般是三足兩耳，有的鑄有紋飾。後來逐漸演變成為祭祀用品。傳說大禹治水成功後，天下諸侯為了表示對他的敬意，紛紛將當時珍貴的銅進獻給他。禹用這些銅鑄成九個鼎，表示天下的九個州，從此，鼎就成為國家和權力的象徵。「鼎」字含有「顯赫」「尊貴」「盛大」等意義，如一言九鼎、大名鼎鼎、鼎盛時期、鼎力相助等。

▲毛公鼎

❿人文初祖①

〔清〕張之洞

辟②中國，始三皇，黃帝堯舜垂衣裳③。

▲〈三皇聖祖〉 木版年畫

35

注 釋 ....

①選自《張之洞全集》（河北人民出版社 1998 年版）。標
　題為編者所加。
②辟：開闢。
③垂衣裳：指確定衣服制度，後用以稱頌帝王無為而治。
　垂，下垂。衣裳，衣服，古時上曰衣，下曰裳。

文 意 ....

　　中國歷史，傳說開始於三皇時期，到了黃帝、堯帝、
舜帝時，才確定了衣服制度，文明初興。

　　傳說中的三皇及五帝時期，是華夏文明的起源期。從那時
起，中國的祖先從蒙昧走向開化，新的歷史紀元從此開啟。

曾侯乙編鐘

編鐘是古代一種打擊樂器，主要用於宮廷演奏。不同的鐘按照大小和音調高低懸掛在鐘架上，用木槌或木棒敲打能演奏出悠揚悅耳的樂曲。

1978年，在湖北隨縣曾侯乙墓中出土的一套編鐘，總重量達5噸，是迄今為止發現的數量最多、保存最好、音律最全、氣勢最宏偉的一套編鐘，被稱為「編鐘之王」。它沉睡於地下兩千多年，現在仍能演奏，並且音色優美，令人驚歎。

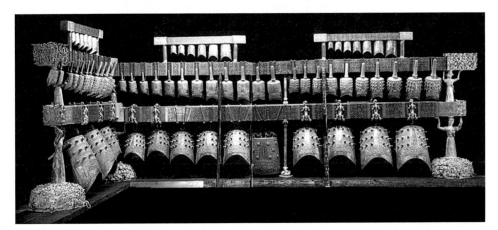

▲曾侯乙編鐘

⓫五倫講①

〔清〕張之洞

洪水平，五倫講，黎民②於變愚變良。

▲〈五倫圖〉〔清〕朱夢廬

38

①選自《張之洞全集》（河北人民出版社 1998 年版）。標
　題為編者所加。五倫，古代指君臣、父子、兄弟、夫婦、
　朋友五種人際關係。
②黎民：百姓。

　　大禹治水成功後，中國社會開始講究人倫道德，百姓
被感化，由愚昧變得賢良。

講究長幼尊卑，遵守倫理道德，是家庭和睦幸福、社會和
諧發展的重要基礎。

你知道嗎

甲骨文

　　甲骨文是中國目前已知的最古老的文字，出現於商朝，距今已有三千多年的歷史。這些文字刻在龜甲和牛、羊等動物的肩胛骨上，所以叫作甲骨文，內容多為占卜記錄。甲骨文絕大部分出土於河南安陽。

▲甲骨文

⑫禮樂匡①

〔清〕張之洞

稼ㄐㄧㄚˋ穡ㄙㄜˋ②教，禮樂匡，夏忠商質③周文章④。

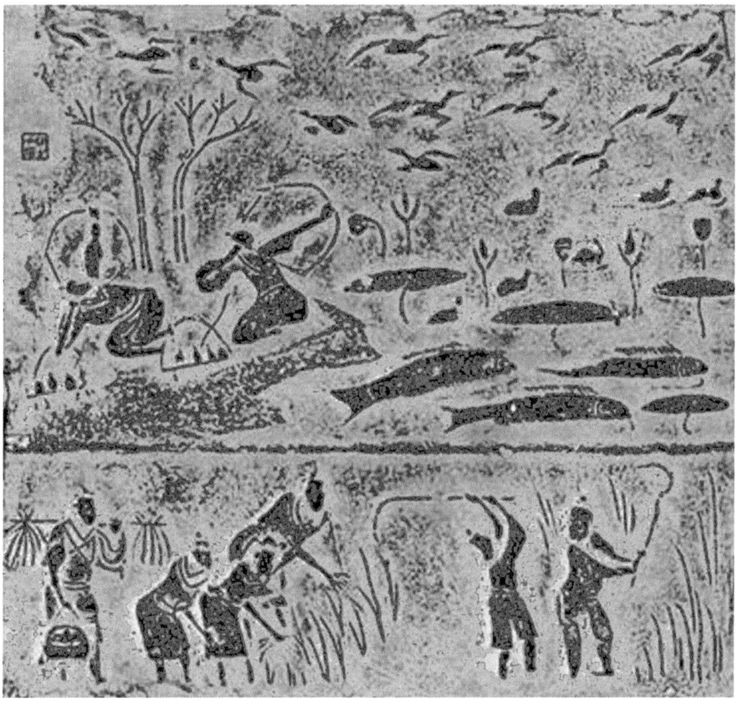

▲〈弋射收穫〉 漢代畫像磚

注 釋

①選自《張之洞全集》（河北人民出版社1998年版）。標
　題為編者所加。匡，匡正，改正。
②稼穡：種植與收割。泛指農業勞動。
③質：樸素，單純。
④文章：這裡指禮樂制度。

 文 意

　　聖人教會人們進行農業勞動，並用禮樂來教化天下人。
夏朝人崇尚忠信，商朝人崇尚樸實，周朝人講究禮法。

隨著時代的進步，古代人們的文化視野越來越開闊，各種
文明交會融合，社會不斷發展前進。

孔子學琴

　　孔子跟著師襄子學琴，十天後，師襄子對他說：「可以學新曲了。」孔子說：「我還沒有掌握彈奏技巧。」過了一段時間，師襄子說：「你已經掌握了彈奏技巧，可以學新曲了。」孔子說：「我還沒有領會曲子的意境。」過了一段時間，師襄子說：「你已經領會了曲子的意境，可以學新曲了。」孔子說：「我還不了解作曲者是什麼人。」又過了一段時間，孔子說：「我知道作曲者是誰了：他皮膚黝（一ㄡˇ）黑，體形頎（ㄑ一ˊ）長，眼光明亮高遠，是統治四方諸侯的王者，若不是周文王，還有誰能作這首樂曲呢？」師襄子聽到後，趕緊起身拜了兩拜，說：「老琴師就是這樣說的，這支曲子叫作〈文王操〉。」

⓭百工之事①

《考工記》

百工之事，皆聖人之作也。燦金②以為刃③，凝土④以為器，作車以行陸，作舟以行水。

▲〈百工圖〉之一　清代張家口蔚縣壁畫

注　釋

①選自《考工記譯注》（上海古籍出版社 1993 年版）。標
　　題為編者所加。百工，各行各業。
②爍金：將金屬熔化。爍，通「鑠（ㄕㄨㄛˋ）」。
③刃：刀口。這裡指刀。
④凝土：和（ㄏㄨㄛˋ）合泥土。

文　意

　　各行各業的製造技術，都是聖人的創造發明。比如，
將金屬熔化，製成鋒利的刀，將泥土和在一起，燒製成各
種陶器，製造車輛在陸地上行駛，製造舟船在水面上航行。

勞動創造了人類文明。中華民族在漫長的勞動和生活中，
敬業樂群，精益求精，用勤勞和智慧創造出各種的器物。

中國古代四大發明

　　四大發明是先民智慧的結晶，它們是指南針、造紙術、火藥和活字印刷術。四大發明對世界文明進程和人類社會發展產生了重大影響，在世界文明史上佔有很重要的地位。

▲〈天工開物〉中造紙工藝流程圖

行知園

我會背：觀乎天文……

我會背：辟中國……

我會背：
洪水平……

我會背：
稼穡教……

我會背：
百工之事……

學而思

　　我們日常生活中有許多運用中華文化特徵的符號，如書法、瓷器、武術、象棋等。你還知道哪些？寫一寫。

行且勉

　　古人觀察日月星辰的分布與運行，發現了許多大自然變化的奧祕。查一查、找一找有關神祕太空的資料，然後把發現記錄下來，和同學們一起分享！照片、影片、文字、表格都可以哦！

第四單元

立誠信

　　「言必信，行必果」。誠信是一個人立身的基石，是人與人之間相互溝通的紐帶。我們為人處世，當以誠信為本。

⓮何謂信①

〔宋〕袁采

有所許諾，纖毫②必償③，有所期約④，時刻不易⑤，所謂信也。

一天前

50

①選自《袁氏世範》（中華書局 1985 年版）。標題為編者
　所加。
②纖毫：纖細的毫毛，比喻極其細微的事物。
③償：兌現。
④期約：約定。
⑤易：更改，改變。

文 意

　　有了承諾，一絲一毫都要兌現；有了約定，一時一刻
都不能更改，這就是誠信。

誠信是中華民族的傳統美德，是做人之本、立世之根。

宋濂借書

　　宋濂，字景濂，號潛溪，金華浦江（今浙江浦江）人，明朝初期著名的文學家。宋濂從小就喜歡讀書，但是家裡很窮，買不起書，只好向別人借書來看，遇到很喜歡的書，就抄錄下來。即使寒冬臘月，手指凍僵了，他也捨不得停筆。每次借書，他都和別人約好期限，並如期還書，從不失約，別人都很樂意借書給他，他也因此讀了很多書，學識淵博，後來被譽為明朝「開國文臣之首」，與高啟、劉基並稱「明初詩文三大家」。

⑮人先信而後求能①

《淮南子·說林訓》

弓先調而後求勁②，馬先馴而後求良，人先信而後求能。

〈調良圖〉 〔元〕趙孟頫

注 釋

①選自《淮南子集釋》（中華書局 1998 年版）。標題為編
　者所加。
②勁：強，堅強有力。

 文 意

　　弓先調好，然後才講求強勁有力；馬先馴服，然後才
講求品質良好；人先守信，然後才講求才幹能力。

　　做人做事都需要有一定的能力，更要有誠實守信的品質。

孟信不賣病牛

　　南北朝時有一個叫孟信的人，他離開官場後，因為平時沒有積蓄，日子過得十分清苦，就快無米下鍋了。見此情景，孟信的姪子趁孟信不在家，想賣掉他家唯一的一頭老牛，為他換點糧食。賣牛的契據都擬好了。按規定，買牛的人要知道牛的主家在哪裡，於是他來到孟信家裡，正好撞見孟信從外面回來。孟信知道姪子的打算後，連忙告訴買牛的人：「這頭牛以前就有病，稍微用一下就發病，您不要買牠。」說完，重重責打了姪子。買牛的人見他寧願餓肚子也不賣病牛，十分感動，對他說：「孟公，您就把這頭牛賣給我，病了也不要緊，我不一定需要牠出多大力氣。」孟信知道買牛的人想幫他，但賣病牛難以心安，便婉拒了他的好意。

⑯君子恥不信①

《荀子·非十二子篇》

　　故君子恥不修②，不恥見③汙④；恥不信，不恥不見信⑤；恥不能，不恥不見用。

▲荀子像

①選自《荀子集解》（中華書局 1988 年版）。標題為編者
　所加。恥，感到羞愧。不信，不守信用。
②修：修養。
③見：被。
④汙：汙蔑。
⑤信：信任。

　　因此品德高尚的人，以沒有修養而羞愧，不以被人汙
蔑而羞愧；以不守信用而羞愧，不以不被信任而羞愧；以
沒有才能而羞愧，不以不被任用而羞愧。

我們要不斷地提高修養，講求誠信，增長才幹，努力做一
個德才兼備的人。

太史慈應約

　　太史慈，字子義，東漢末年武將。有一次，他被孫策俘獲，因為孫策早就聽說過太史慈的大名，於是以禮相待，把他收歸麾下。回到吳郡（今江蘇吳縣）後，又提拔他為折衝中郎將。後來曾任揚州刺史的劉繇在豫章（今江西南昌縣）病故，手下的一萬多兵士不知所往。孫策命太史慈前去招撫，左右的人都對孫策說：「太史慈一定會北去不歸。」孫策卻說：「太史慈除了我，還會依附誰呢？」於是在昌門為太史慈送行，並握著他的手問：「何時回來？」太史慈說：「不超過六十日。」果然如期而歸。孫策非常高興，從此常常與他商議軍事。後來太史慈幫助孫氏掃蕩江東，功績卓著。

⑰晉侯守信①

《左傳 · 僖公二十五年》

信，國之寶也，民之所庇ㄆˋ②也。得原③失信，何以庇之？所亡④滋⑤多。

①選自《春秋左傳注》（中華書局 1981 年版）。標題為編
　者所加。晉侯，指晉文公，文中這段話是他率兵攻打原
　國時說的。
②庇：庇護。
③原：原國，春秋時期的一個諸侯國。
④亡：失去。
⑤滋：更加。

　　信用，是治國的法寶，民眾依靠它的庇護而生存。如
果得到了原國卻失去了信用，還拿什麼來庇護民眾呢？失
去的將會更多。

做事要講誠信，不能見小利而忘大義。

一諾千金

　　季布，楚人，曾效力於西楚霸王項羽，是其帳下大將，為人十分仗義，喜歡打抱不平，以信守諾言著稱。項羽敗亡後，劉邦到處懸賞捉拿季布。後來大臣夏侯嬰為季布說情，劉邦赦免了季布，並任命他為郎中（一種官職）。季布為官多年，一直受到朝廷的重用。在民間，人們也十分佩服季布，當時就有「得黃金百斤，不如得季布一諾」之語。成語「一諾千金」就由此而來，用來指人說話極守信用，一旦許諾別人，必定做到。

⑱商鞅①

〔宋〕王安石

自古驅②民在信誠，
一言為重百金輕。
今人未可非③商鞅尢，
商鞅能令政必行。

注釋

①選自《王文公文集》（上海人民出版社 1974 年版）。商
　鞅：戰國時期的政治家、改革家。
②驅：驅使。這裡是治理的意思。
③非：責備，批評。

文意

　　自古以來，治理百姓，靠的是誠信，對百姓說的每句
話，比百金還貴重。現在的人不要去指責商鞅，商鞅能夠
取信於民，讓政令得到施行。

治國要講誠信，做人也如此。我們要從小事做起，做一個
誠實守信的人。

商鞅立木

戰國時期，商鞅在秦孝公的支持下主持變法。為了樹立威信，推進改革，商鞅在都城市場的南門外放了一根長木頭，並許諾：誰能把這根木頭搬到北門，就賞十金。百姓看到以後覺得很奇怪，沒有人敢去搬木頭。於是，商鞅又將賞金提高到五十金。後來，終於有一個人走出來，將木頭搬到了北門，商鞅立即賞給他五十金。商鞅這一舉動，讓百姓認識到朝廷是守信用的，沒有欺騙大家。秦國的變法因此得以順利展開。

行知園

口能誦

我會背：有所許諾……

我會背：弓先調而後求勁……

我會背：
故君子恥不修……

我會背王安石的
〈商鞅〉。

我會背：信，
國之寶也……

學而思

學習本單元後，談一談你的學習體會，並思考在生活中
如何做到誠信。

行且勉

通過學習本單元，我們了解了幾位守誠信的古人，和同學們一起講講他們的故事。

姓　名	故　事
季　布	
太史慈	
晉　侯	
商　鞅	

謹守時

　　莊稼要按照時令播種和收割，如果不守時，就不會有好收成；與人相約要守時，如果不守時，就會失去別人的信任。所以，守時十分重要。

⑲無失其時①

《孟子‧梁惠王上》

五畝之宅，樹②之以桑ㄙㄤ，
五十者可以衣ㄧ帛ㄅㄛˊ③矣；雞
豚ㄊㄨㄣˊ狗彘ㄓˋ④之畜ㄒㄩˋ，無失其時，
七十者可以食肉矣；百畝之
田，勿奪⑤其時，數口之家可
以無饑矣。

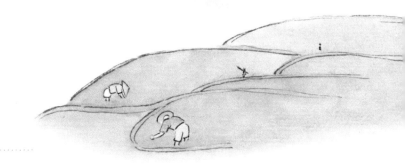

注 釋 ....

①選自《四書章句集注》（中華書局 1983 年版）。標題為
　編者所加。
②樹：種植。
③衣帛：穿絲綢衣服。衣，穿。帛，絲織布料。
④雞豚狗彘：雞、狗、豬。豚，小豬。彘，豬。
⑤奪：喪失，耽誤。

文 意 ....

　　五畝大的宅院，種植桑樹，五十歲以上的人就能穿絲
綢衣服了；雞、狗、豬等家畜的畜養，不錯過養殖的季節，
七十歲以上的人就有肉吃了；一百畝的耕地，不錯過耕種、
收割的季節，幾口人的家庭就可以不挨餓了。

人誤地一時，地誤人一年。人們的生活都與農時農事息息
相關。順應天時，是人們在長期的生產實踐中總結出的生
存智慧。

二十四節氣歌

　　二十四節氣是中國古代用來指導農業生產的一種曆法，分別為：立春，雨水，驚蟄，春分，清明，穀雨；立夏，小滿，芒種，夏至，小暑，大暑；立秋，處暑，白露，秋分，寒露，霜降；立冬，小雪，大雪，冬至，小寒，大寒。為了便於記憶，人們將二十四節氣編成一首詩歌：

　　春雨驚春清穀天，夏滿芒夏暑相連。

　　秋處露秋寒霜降，冬雪雪冬小大寒。

⑳不逾時頃①

〔宋〕仲并

不逾時頃，閭里②信之。

文 意

從來不遲到片刻的人，街坊鄰居都信任他。

人們之間的信任，就是從守時這樣的小事積累起來的。

天干地支

　　天干地支是古人用來紀年、紀時、標序等的一種方法。十天干：甲、乙、丙、丁、戊、己、庚、辛、壬、癸。十二地支：子、丑、寅、卯、辰、巳、午、未、申、酉、戌、亥。天干、地支組合起來，可以用來紀年，比如「甲子年」「乙丑年」。地支可以單獨用來紀時，比如「子時」「丑時」；十二地支可以與十二生肖對應：子鼠、丑牛、寅虎、卯兔、辰龍、巳蛇、午馬、未羊、申猴、酉雞、戌狗、亥豬。天干可以單獨用來標示序號，比如「甲隊」「乙隊」。

▲〈張良進履〉　頤和園長廊彩繪

㉑不失期刻①

〔元〕楊維楨

　生②無偽ㄨˊ③言行，與人約，
雖④千里外，不失期刻。

注　釋

①選自《東維子文集》（商務印書館 1936 年版）。不失期
刻：不失約，不遲到。

②生：平生，一輩子。

③偽：虛假的。

④雖：即使。

文　意

　　一輩子不要有虛假的言行，與人有約定，即使在千里
之外，也不應當遲到。

守約是誠信的表現。跟別人約定好了時間，就務必遵守。

十二時辰

　　古人根據一日間太陽出沒的規律及日常生產活動和生活習慣把一晝夜分成十二個時辰，用十二地支來表示，每個時辰相當於現在的兩個小時。它們分別是：子時（23時到1時）、丑時（1時到3時）、寅時（3時到5時）、卯時（5時到7時）、辰時（7時到9時）、巳時（9時到11時）、午時（11時到13時）、未時（13時到15時）、申時（15時到17時）、酉時（17時到19時）、戌時（19時到21時）、亥時（21時到23時）。

22 刻日立程①

〔明〕張大復

與人約，輒ㄓㄜˊ② 以一板識③ 之，
刻日立程，無弗ㄈㄨˊ酬ㄔㄡˊ④ 者。

①選自《梅花草堂集》（明崇禎刻本）。標題為編者所加。
　　刻日，約定日期。刻，同「克」，限定。程，進度，期限。
②輒：就。
③識：標記。
④酬：實現。這裡指踐約。

文 意 ....

　　與人有約，就用一塊板記下，按規定的時間安排好進
度，沒有不踐約的。

講誠信的人，一定會有辦法幫助自己記住各種約定。

時間古稱

歲：年

旦：早晨

是年：這一年

亭午：正午

期年：滿一年

暮：傍晚

積年：好幾年

子時：半夜

朔：農曆每月初一

宵：夜晚

望：農曆每月十五日

旰：晚

晦：農曆每月的末一天

人定：夜深人靜時

行知園

我會背：
五畝之宅……

我會背：
不逾時頃……

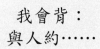

我會背：
生無偽言行……

我會背：
與人約……

學而思

你能把二十四節氣和對應的季節連起來嗎？

立秋，處暑，白露	春	夏至，小暑，大暑
立冬，小雪，大雪	夏	春分，清明，穀雨
立夏，小滿，芒種	秋	冬至，小寒，大寒
立春，雨水，驚蟄	冬	冬至，小寒，大寒

行且勉

1. 古今有很多惜時守時的事例，查閱資料，給大家講一講你所知道的
   故事，再說一說你自己的感受。

我知道司馬光惜時的故事……

我知道……

2. 你在生活中是怎樣做到誠信守時的？給大家講一講。

第六單元

恕之道

　　世界上最寬闊的是海洋，比海洋更寬闊的是天空，比天空更寬闊的是人的胸懷。胸懷寬廣的人，能平等對待他人，體諒他人的難處，寬容他人的過失。

㉓己所不欲，勿施於人①

《論語·衛靈公》

　　子貢②問曰：「有一言③而可以終身行之者乎？」子曰：「其恕④乎！己所不欲，勿施於人。」

〈孔子杏壇講學圖〉　〔明〕吳彬

①選自《四書章句集注》（中華書局 1983 年版）。標題為
　編者所加。
②子貢：孔子的學生。
③一言：一個字。
④恕：寬容。

　　子貢向孔子問道：「有沒有一個字可以作為終身奉行
的準則？」孔子回答說：「那大概就是『恕』字吧！自己
不想要的，就不要強加給別人。」

　　一個寬容有愛的人，常常會換位思考，推己及人。

諸子百家

　　諸子百家是先秦至漢初各個學術流派的總稱。「諸子」指這些學派的創立者和代表人物，如孔子、老子、墨子、韓非子等，亦指他們的代表作。「百家」則是指這些學派。其中影響最大的是儒家、道家、墨家和法家，其他學派還有農家、名家、雜家、陰陽家、縱橫家、小說家等。當時，人們的思想空前活躍，各學派針對一些社會問題或四處遊說，或著書立說，推行自己的政治主張，在中國文化史上形成了一個百家爭鳴的繁榮局面。

㉔君子容人①

《荀子·非相篇》

故君子賢而能容罷^{ㄆㄟˊ}②，知^{ㄓˋ}③而能容愚，博而能容淺，粹^{ㄘㄨㄟˋ}④而能容雜⑤。

▼〈竹院品古〉（局部）　〔明〕仇英

注 釋

①選自《荀子集解》（中華書局 1988 年版）。標題為編者
　所加。
②罷：通「疲」，弱。
③知：通「智」，智慧。
④粹：純粹。這裡指專一。
⑤雜：混合。這裡指不單純。

 文 意

　　故而君子自己賢能，還能包容他人的無能；自己聰明，
還能包容他人的愚笨；自己知識淵博，還能包容他人的才
學疏淺；自己品行精純，還能包容他人的駁雜。

金無足赤，人無完人。我們要善於發現他人的閃光點，發
現他人的長處。

儒　家

　　儒家，先秦諸子百家之一，是孔子創立的學派。它的思想核心是「仁」，崇尚「禮樂」和「仁義」，提倡「忠恕」和「中庸」，主張「德治」和「仁政」，重視倫常關係和道德修養。儒家推崇的主要經典是「六經」，即《詩》《書》《禮》《樂》《易》《春秋》。儒家的主要代表人物是孔子、孟子、荀子等。從漢朝開始，儒家思想成為歷代統治者推崇的正統思想，逐漸成為兩千多年來中國傳統文化的主流，對中國人的文化觀念和思維方式影響很大。

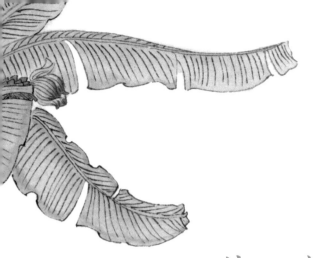

㉕待人輕以約①

〔唐〕韓愈

　　古之君子，其責己也重以周②，其待人也輕以約。重以周，故不怠_{ㄉㄞˋ}③；輕以約，故人樂為善。

89

①選自《韓昌黎文集校注》（上海古籍出版社1985年版）。
　標題為編者所加。輕以約，寬厚而簡約。
②重以周：嚴格而細緻。
③怠：懈怠。

　　古代的君子，要求自己嚴格而周密，對待別人寬厚而簡約。對自己嚴格而細緻，所以不會懈怠；對他人寬厚而簡約，所以周圍的人都樂於與他友好相處。

在家裡，在學校，在社會，無論何時何地，
都要做到嚴於律己，寬以待人。

道　家

　　道家以老子、莊子為主要代表。它的核心思想是「無為」「虛靜」，主張順應天道自然，反對人為干預，並且提出了「以柔克剛」「有無相生」等樸素的辯證思想。道家的主要經典為《老子》《莊子》。從東漢開始，道家思想和神仙方術結合，形成了中國的本土宗教——道教。道家思想是中國文化的重要組成部分，對中國的政治、思想、文化、科技、藝術、軍事等影響深遠。

26 有容乃大①

〔清〕林則徐

海納②百川，
有容乃大；
壁③立千仞ㄖㄣ④，
無欲則剛⑤。

◀林則徐書法

注 釋

①此聯為清末政治家林則徐任兩廣總督時在總督府衙題書
　的堂聯。標題為編者所加。
②納：容納。
③壁：峭壁。
④千仞：形容很高。仞，長度單位，古代七尺或八尺為一仞。
⑤剛：堅硬，堅強。

文 意

　　大海能容納成百上千條河流，是因為它有寬廣的肚量；
峭壁能夠巍然屹立，是因為它沒有俗世的欲望。

心中裝著國家和人民，胸懷寬廣，無私無畏，才能成就大
寫的「人」。

墨　家

　　墨家是戰國時期的重要學派。創始人是墨子。它的核心思想是「兼愛」「非攻」「節用」「尚賢」等，主張人與人之間平等地相愛，反對非正義戰爭，推崇節約，反對浪費，主張任人唯賢，反對任人唯親。墨家在先秦幾乎與儒家一樣流行，有「非儒即墨」之說。墨家的主要經典《墨子》，除論述其核心思想之外，還記錄了相當多的幾何學、物理學等自然科學知識。

㉗讓人容人①

〔清〕金纓

彼②之理是③，我之理非④，
我讓之；彼之理非，我之理是，
我容之。

①選自《格言聯璧》（中州古籍出版社 2010 年版）。標題
　為編者所加。
②彼：對方。
③是：對，正確。
④非：不對，錯誤。

　　對方的道理正確，我的道理錯誤，我聽從他；對方的
道理錯誤，我的道理正確，我包容他。

得理也饒人，才能顯示出真正的胸懷。

法　家

　　法家是戰國時期的重要學派。起源於春秋時的管仲、子產，發展於戰國時的李悝、商鞅、慎到、申不害等人，商鞅重「法」，申不害重「術」，慎到重「勢」。到戰國末期，韓非加以綜合，集法家學說的大成。法家主張用明確的法規、刑律來治理國家，「外儒內法」成為中國古代封建統治的主要特徵。後世的著名政治家如曹操、諸葛亮等，都是法家思想的踐行者。法家的代表著作有《韓非子》《管子》《法經》《商君書》等，對後來法學思想影響很大。

口能誦

我會背：己所不欲⋯⋯

我會背：故君子賢
而能容罷⋯⋯

我會背：
古之君子⋯⋯

我會背：
海納百川⋯⋯

我會背：
彼之理是⋯⋯

你能把不同的學派和對應的代表著作連起來嗎？

儒　家　　　　　　　　　　　《韓非子》

道　家　　　　　　　　　　　《墨子》

墨　家　　　　　　　　　　《老子》《莊子》

法　家　　　　　　　　　《論語》《孟子》

行且勉

有個同學常常取笑你，讓你很難過。這次考試他的成績不及格，很怕你嘲笑他，你會怎麼做？

己所不欲，
勿施於人啊！

這回我可要
好好嘲笑他！

A0601A03

朝讀經典 3：誠實守信

主　　編　　馮天瑜
版權策劃　　李　鋒

發 行 人　　陳滿銘
總 經 理　　梁錦興
總 編 輯　　陳滿銘
副總編輯　　張晏瑞
編 輯 所　　萬卷樓圖書股份有限公司
特約編輯　　王世晶
內頁編排　　小　草
封面設計　　小　草
印　　刷　　維中科技有限公司

出　　版　　昌明文化有限公司
　　　　　　桃園市龜山區中原街 32 號
電　　話　　(02)23216565
發　　行　　萬卷樓圖書股份有限公司
　　　　　　臺北市羅斯福路二段 41 號 6 樓
　　　　　　之 3
電　　話　　(02)23216565
傳　　真　　(02)23218698
電　　郵　　SERVICE@WANJUAN.COM.TW

大陸經銷　　廈門外圖臺灣書店有限公司
電　　郵　　JKB188@188.COM

ISBN 978-986-496-380-5
2018 年 8 月初版
定價：新臺幣 400 元

如何購買本書：

1. 劃撥購書，請透過以下帳號
　帳號：15624015
　戶名：萬卷樓圖書股份有限公司

2. 轉帳購書，請透過以下帳戶
　合作金庫銀行古亭分行
　戶名：萬卷樓圖書股份有限公司
　帳號：0877717092596

3. 網路購書，請透過萬卷樓網站
　網址 WWW.WANJUAN.COM.TW

大量購書，請直接聯繫，將有專人為
您服務。(02)23216565 分機 10
如有缺頁、破損或裝訂錯誤，請寄回
更換

國家圖書館出版品預行編目資料

朝讀經典 3：誠實守信 / 馮天瑜主編 . -- 初版 . --
桃園市：昌明文化出版；臺北市：萬卷樓發行，
2018.08
100 面；18.5x26 公分
ISBN 978-986-496-380-5(平裝)
1. 國文科 2. 漢學 3. 中小學教育
523.311　　　　　　　　　　107014418

本著作物經廈門墨客知識產權代理有限公司代理，由湖北人民出版社授權萬卷樓圖書股份有限公司
出版、發行中文繁體字版版權。